Conception de livre : Marina Kaiser
Traduction en français : Andro Bottros

ST SHENOUDA PRESS
8419 Putty Rd,
Putty, NSW, 2330
Sydney, Australia

www.stshenoudapress.com

ISBN: 978-0-6451394-6-4

Anna-Simone était l'une des enfants royaux du Roi de Constantinople. Sa mère est décédée lorsqu'elle était jeune, alors il m'a été demandé par le Roi de veiller sur elle. En tant que prêtre, il était de mon devoir de lui montrer le chemin de vie qui plait à Dieu, tel que décrit dans la Bible. Je lui lisais souvent les histoires des saints moines, nones et des ermites, en lui expliquant que ces gens vivaient ainsi grâce à leur amour pour Dieu. Elle admirait leur histoire, particulièrement le fait qu'ils mangeaient très peu, et qu'ils passaient beaucoup de temps à prier et à contempler dans le silence.

En fait, elle aimait emprunter mes livres et lire sans cesse les histoires des saints. Je la trouvais toujours assise dans un lieu calme du château lisant, jour et nuit. Rapidement, il fut évident qu'elle préférait ces temps de spiritualité au le glamour et aux cérémonies de la vie d'une famille royale. J'ai aussi remarqué que lorsqu'il y avait de grandes fêtes et célébrations, elle ne mangeait pas la nourriture. Tant de nourriture était préparée par les meilleurs chefs du pays, mais elle n'en mangeait pas même un morceau.

Une nuit alors que je traversais le couloir, j'ai entendu des bruits de pleurs. En écoutant avec plus d'attention, cela venait de la chambre d'Anna-Simone. Effrayé à l'idée qu'il lui était arrivé quelque chose, j'ai regardé au travers de la serrure, et en effet je l'ai vu sangloter et ses bras étaient levés vers les cieux. Je suis resté là pendant un moment pour écouter. Elle commençait à prier « Mon Seigneur, Toi seul connait les secrets de mon cœur. S'il te plait aide moi à faire Ta Volonté. J'ai maintenant tout lu à propos des saints ermites, avec l'aide de mon père spirituel le prêtre. Si cela est Ta Volonté, je désire vivre comme eux. Je veux aller ailleurs et

vivre une vie en Te servant »

Alors que j'entendais ces mots, je suis devenu très inquiet, mais extrêmement joyeux en même temps ! J'ai commencé à craindre la réaction de son père s'il apprenait qu'Anna- Simone voulait quitter le palais. Mais d'un autre côté, j'ai remercié Dieu profondément pour son zèle spirituel et son désir de vivre pour le Seigneur, en dépit de son si jeune âge. Mais alors quand avait-elle prévu de partir?

Au moment où j'allais partir, elle m'a étonné avec ce qu'elle a fait par la suite. J'ai continué à la regarder au travers de la serrure. A ma grande surprise, elle a sorti un sac de nourriture de sous son lit, et a commencé à diviser la nourriture dans de plus petits sacs.

Tout s'explique! Je savais qu'il y avait quelque chose derrière son récent choix de ne manger que du pain sec et du fromage salé tous les jours. J'ai compris qu'au lieu de manger elle-même, elle préférait récolter la nourriture du palais et la distribuer gratuitement aux pauvres. Elle avait fait tout cela en secret, sans que personne ne voit ou

de loue ses bonnes actions. Elle m'a rappelé l'enseignement du Seigneur dans Mathieu 6:1, « Prenez garde de ne pas faire votre aumône devant les hommes, pour être vus par eux »

Après cela, j'ai entendu sa prière " Très Cher Père Céleste, je désire servir mes frères et sœurs qui sont moins chanceux que moi. Ces personnes n'ont ni nourriture ni abris. S'il te plaît, veille sur eux, Seigneur. Je leur donnerai ma nourriture. Car tout ce que je veux pour moi, c'est de vivre avec Toi et pour Toi Amen »

Plusieurs années avaient passé le Roi était mort, laissant Anna-Simone comme héritière du trône. Le matin ou elle devait être couronnée comme Reine, j'étais assis avec elle dans le palais. " Je n'oublierai jamais toutes les leçons de valeurs que vous m'avez enseignées, mon père" Avait-elle commencé à me dire « S'il vous plait continuez à m'en dire plus à propos de ce Saint dont vous parliez… »

Avant qu'elle puisse continuer, elle a été interrompue et le commandant de l'armée l'a appelée. En entrant dans la cour, il y avait des foules énormes arrivant de toutes les directions. Le Patriarche, les évêques et les autres prêtres étaient aussi présents.

Soudainement, il y eu un silence… Le commandant amena Anna-Simone sur le balcon donnant sur la cour.

"Je te couronne, Reine Anna-Simone, souveraine de Constantinople. Longue vie à la Reine!" Avait crié le commandant. Un petit garçon aux alentours n'a pas pu s'empêcher de crier " Elle m'a donné de la nourriture lorsque je n'avais rien à manger!" Ensuite une jeune mère a aussi crié, " Oui, c'est elle qui m'a envoyé du lait et une couverture chaude pour mon nouveau-né!" Le peuple a immédiatement commencé à chanter et à applaudir en célébration de leur nouvelle Reine.

"Longue vie à la Reine!" criait la foule sans cesse. Le peuple se réjouissait, « Béni soit celui qui vient au nom du Seigneur ! Combien nous sommes bénis d'avoir une reine qui aime le Seigneur et qui à son tour nous aime beaucoup. »

Il y avait de la paix et la joie à travers tout le royaume. Elle laissa tous les captifs en prison sortir et elle fournissait un toit aux sans-abris. Je l'entendais aussi souvent envoyer des messagers pour distribuer de l'argent et des biens aux monastères voisins, aux veuves, aux orphelins et à tous les pauvres vivant dans le royaume. Et au travers de tout cela, elle priait.

Cependant, je voyais sur le visage de la Reine Anna-Simone que cette honneur qu'elle recevait n'était pas ce qu'elle désirait. Il était évident que son esprit était toujours occupé à l'idée de vivre entièrement pour le Seigneur. Elle avait tout ce dont n'importe qui aurait rêvé, Richesse, célébrité, pouvoir, mais tout cela ne la satisfaisait pas. En grandissant l'un de ses versés favoris était « Et que sert-il à un homme de gagner tout le monde, s'il perd son âme? » (Marc 8 :36)

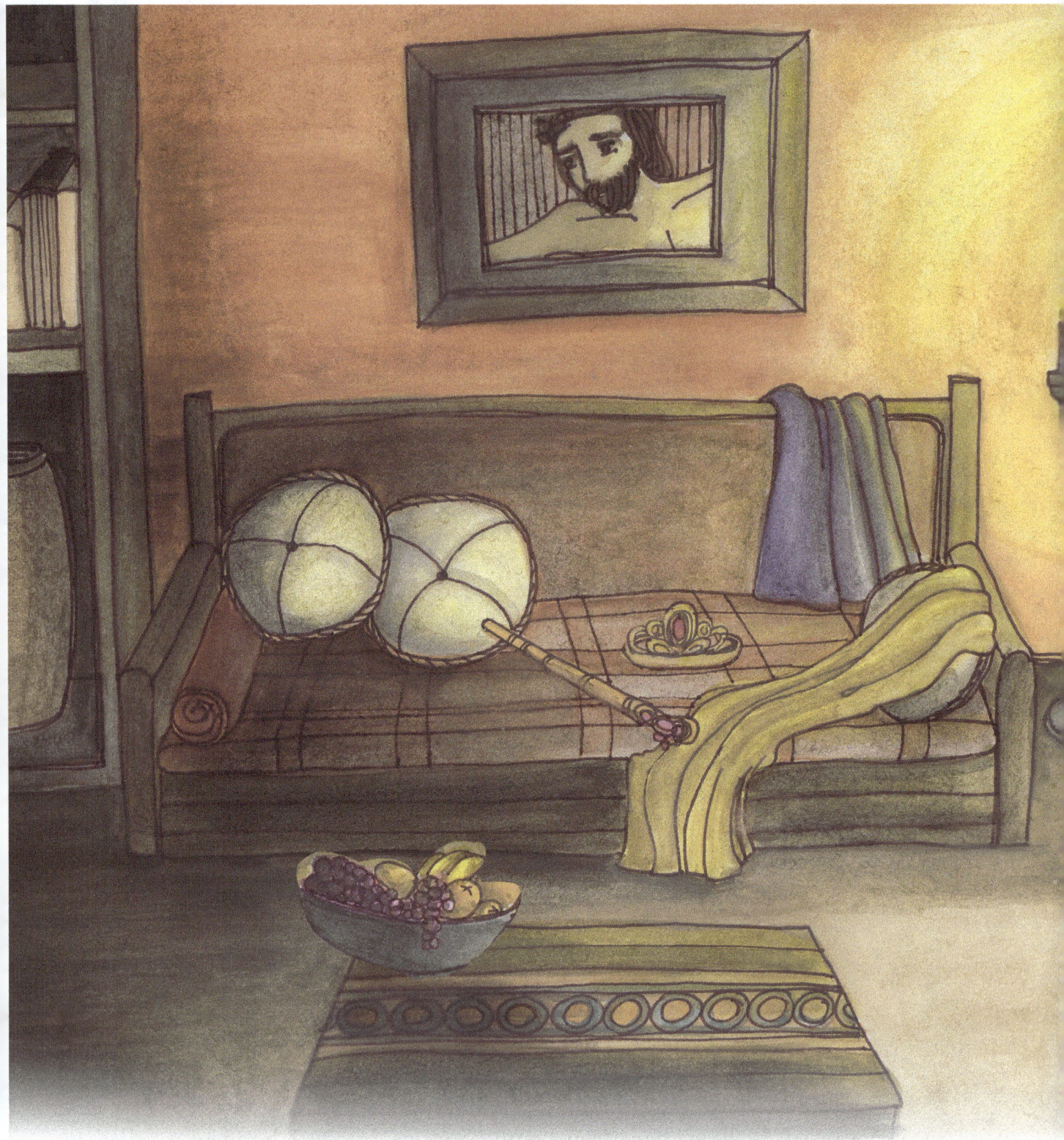

Il y a une nuit que je n'oublierai jamais. J'allumais des bougies tout le long du château, et alors que je passais devant la chambre de la Reine Anna-Simone, je l'ai entendu se parler à haute voix.

"Ne réalises-tu pas que le Seigneur Jésus Christ t'a donné tellement de bénédictions et de cadeaux? Tu as vécu assez de temps ici. Si tu veux atteindre le Royaume de Cieux, alors c'est le moment. Rappel toi des Ecritures. Celui que ne prend pas sa croix…"

Je me suis retrouvé à dire ces mots moi aussi "Celui qui ne prend pas sa croix, et ne me suit pas, n'est pas digne de moi." C'est alors que j'ai su ce qu'elle s'apprêtait à faire. Elle a posé sa couronne sur le trône et s'est inclinée en priant."Je quitte ce royaume maintenant à cause de mon amour pour le Seigneur Jésus Christ," avait-elle ajouté.

Elle s'habilla avec des vêtements de servante et couvrit sa tête. Je l'ai aussi vu prendre sa Bible et son livre préféré, celui qui racontait les vies des Saints ermites. Je me suis rapidement caché dans un coin sombre, car elle a ensuite couru hors du palais.

J'ai rampé à l'extérieur et je me suis accroupi dans l'ombre des arbres. Avec ses bras levés vers le ciel, elle a remercié Dieu et prié, "Guide moi Seigneur selon Ta Volonté." En regardant vers le château une dernière fois, elle demanda à Dieu de prendre soin du royaume, elle fit le signe de croix, et se dirigea vers le désert.

J'étais très inquiet pour elle. Elle marchait vers le désert pendant la nuit ! Comment allait-elle se protéger et rester au chaud ? Assurément ses pieds nus allaient saigner à cause des rudes sentiers du désert. Mais, là encore, n'étais-je pas le prêtre qui lui avait

enseigné que le Seigneur protège toujours ses enfants ? Evidement Dieu n'allait pas l'abandonner. Il est capable de transformer le goût amer de l'herbe en miel pour qu'elle le mange. Il est capable de l'aider à trouver des dattes sucrées sur les palmiers. Il est capable d'apprivoiser les bêtes sauvages pour qu'elles deviennent ses amis.

J'ai pleuré en sachant qu'il serait peu probable que je la vois de nouveau. Néanmoins, j'étais réconforté à l'idée qu'elle était sur le chemin du Royaume de Cieux.

C'est seulement des années plus tard que j'appris qu'elle a été découverte par le gardien d'un couvent lointain. J'étais fou de joie à cette nouvelle ! Lorsque les nones l'ont approchée, elle a fait semblant d'être folle. Elle l'a fait afin de rester humble et ne pas dévoiler son identité de Reine.

Ne sachant pas qui elle était ni que faire d'elle, les nones lui ont données toutes sortes de taches difficiles comme nettoyer les toilettes et frotter le sol. Cependant elle le faisait avec beaucoup d'enthousiasme. Les nones étaient très inquiètes pour elle car elle

choisissait toujours de dormir par terre et mangeait très peu.

C'était la dernière fois que j'entendais parler d'Anna-Simone jusqu'à la visite d'un moine, Père Daniel de Scété, était venu dans mon église un jour. Il me parlait d'une jeune fille très spirituelle qu'il avait vu. J'ai su qu'il devait s'agir d'Anna-Simone.

Il m'avait dit que le Seigneur Jésus Christ lui avait parlé d'elle, en louant son haut niveau de spiritualité.

« Anna-Simone est une grande Sainte » avait dit le Seigneur au Père Daniel le moine.
« Elle a quitté son royaume et maintenant elle s'humilie comme étant folle dans un
couvent. Va la voir là-bas. »

Père Daniel le moine a immédiatement commencé son voyage vers le couvent. Il voulait
aller prendre la bénédiction d'Anna-Simone tel que le Seigneur lui avait demandé de
faire. Cependant, les nones, se précipitèrent à lui et s'écrièrent « Père, éloignez-vous
d'elle, elle est folle ! »

Il répondit, « Non, elle n'est pas folle ! Je vois une couronne de lumière sur sa tête et

des vêtements célestes sur son corps. Ouvrez vos yeux. Ne voyez-vous pas de vous-même ? C'est la grande Reine Anna-Simone. Il n'y a personne de plus pure qu'elle. »

En entendant cela, les nones pleurèrent et tombèrent aux pieds d'Anna-Simone en suppliant « Pardonne nous ! s'il te plait pardonne nous ! » Elles continuèrent à s'excuser auprès d'elle longtemps pendant la nuit. Son identité était révélée, signifiant qu'elle recevait désormais les honneurs auxquels elle avait essayé d'échapper depuis le début. Comme elle désirait que sa louange provienne uniquement du Seigneur, elle quitta le couvent avant l'aube le lendemain matin.

Alors que j'écoutais Père Daniel le moine qui me racontait ce qui était arrivé à l'ancienne Reine, un autre prêtre, appelé Père Jean, prit la parole, « Laissez-moi vous dire ce que je sais à propos d'Anna-Simone. »

C'était le dernier jour de Père Jean sur terre avant son décès. « Il m'a été dit que seulement ce jour je pourrai dire à tout le monde ce que j'avais vu ». Avait dit le Père Jean.

Selon Père Jean, un jour il était à l'église tôt un matin, se préparant pour la liturgie. Tout

à coup, un ermite apparu dans le sanctuaire sans traverser l'église. Père Jean était terrifié ! L'ermite lui a demandé du vin et de la farine pour faire le Pain Sacré pour la liturgie du Jeudi Saint. Elle devait être célébré par 400 ermites. Père Jean était désireux de savoir où se tiendrait cette liturgie inconnue.

Il l'a alors supplié de le laisser venir. Cependant, l'ermite a répondu "Attend. Ton heure viendra. Soit présent à la même heure le même jour l'année prochaine. Je viendrai te chercher"

L'année suivante, pendant que Père Jean était anxieusement en train d'attendre l'arrivée de l'ermite, celui-ci apparu de nouveau dans l'autel. Il demanda « veux-tu voir les autres ermites ? » A cela Père Jean répondu rapidement, « J'aimerai beaucoup ! Mais avant que nous y allions mon père, puis je vous demander, qui sont les ermites ? »

« Mon fils, les ermites sont ceux qui vivent loin de tout le monde, afin qu'ils puissent vivre seul avec Dieu. Ils quittent leurs familles et amis, et vivent dans une cave dans le désert pour pouvoir passer tous leur temps avec Jésus Christ. Ils vivent là-bas aussi bien

l'hiver que l'été sans stock de nourriture. Ils dépendent entièrement de Dieu pour les nourrir et fournir ce dont ils ont besoin. Ces gens vivent comme des anges sur terre. Viens, allons à leur rencontre. »

Il lui demanda de s'accrocher fermement à son vêtement et de faire le signe de croix. De façon inattendue, il y eut des bruits de vents puissants et de vagues déferlantes qui effrayèrent beaucoup Père Jean.Cependant, lorsqu'ils arrivèrent, Père Jean dit qu'il avait vu une incroyable beauté dont il n'avait jamais été témoin auparavant.

Père jean regarda autour de lui et se retrouva dans une église qu'il n'avait jamais vue avant. Il avait le sentiment d'être au paradis pendant qu'il priait avec tous les ermites. Etrangement, il remarqua une dame âgée lumineuse se tenant proche de l'avant de l'église. Après avoir célébré la sainte liturgie et reçu la communion, il se tourna vers l'un des pères ermites et demanda « Père, qui est la vielle dame bénie qui se tient là-bas ? » demanda-t-il en la pointant du doigt. La dame était soutenue par deux autre personnes.

Il le regarda et lui répondit « Mon frère, il s'agit de Saint Anna-Simone, l'ancienne

23

Reine. Mais elle quitta le palace pour suivre le Seigneur. Elle est la gardienne spirituelle des 400 ermites que nous sommes. »L'ermite raconta à père Jean plein d'autres choses au sujet de sa vie bénie.

J'étais tellement reconnaissant que le Seigneur m'ai envoyé Père Daniel et Père Jean pour m'en dire plus à propos que ce qu'ils avaient vu de l'ancienne Reine et grande Sainte, Anna-Simone. Elle aimait lire les histoires des saints avec moi lorsqu'elle était jeune, et elle devint par la suite une Sainte bénie elle-même !

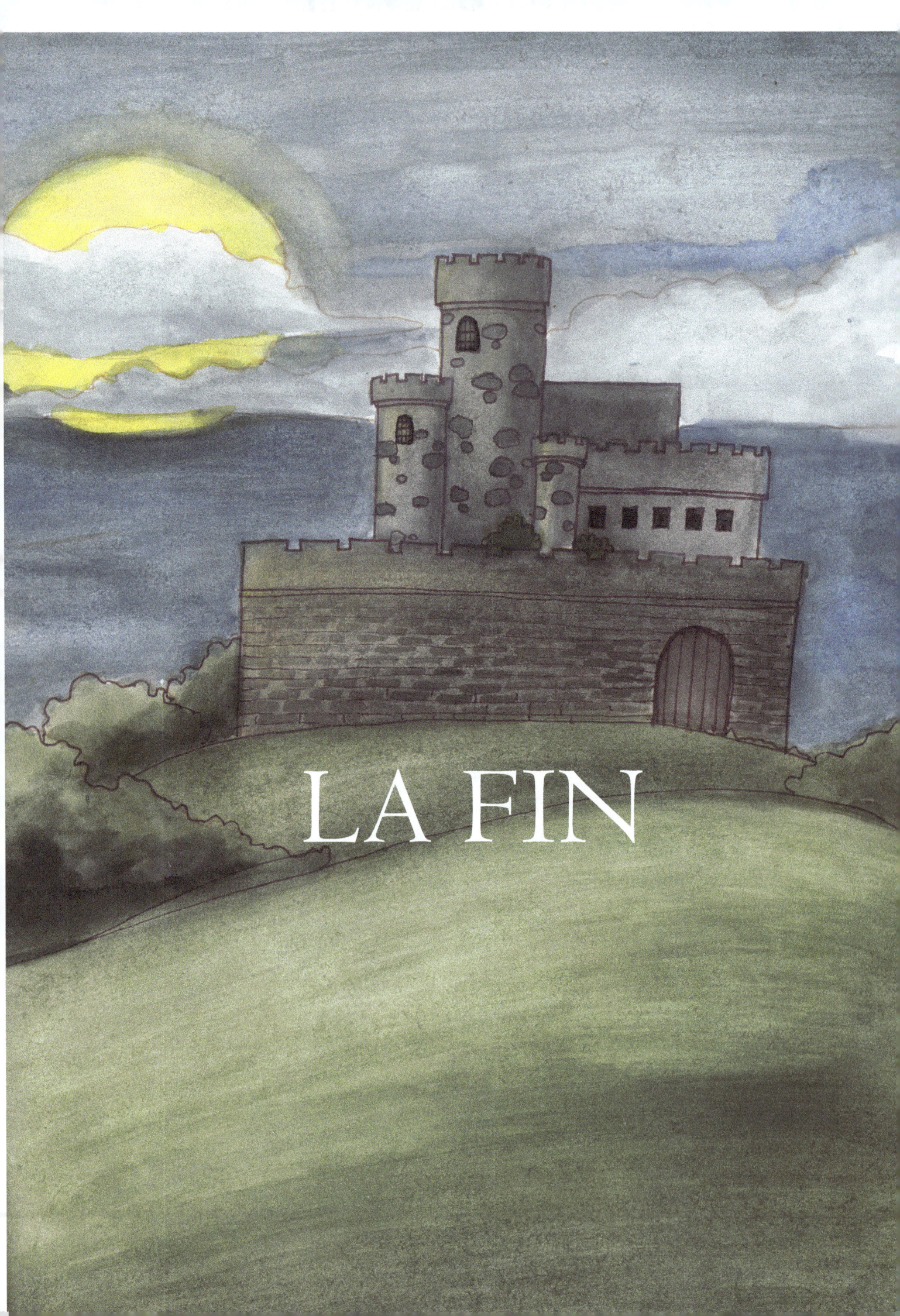

LA FIN